CHANTS

D'UN ENFANT DE MARIE.

I.

LA VEILLE DE MAI.

PREMIER COUPLET.

Les voici les beaux jours consacrés à Marie! ..
Oh ! depuis si longtemps j'en attends le retour !
Comme je vais offrir à ma Mère chérie,
Et les chants du bonheur et les chants de l'amour.

CHOEUR.

Salut, beau mois ! viens consoler la terre ,
Viens l'embaumer du parfum de tes fleurs ;
Viens chaque jour redire à notre Mère
L'amour ardent qu'elle inspire à nos cœurs.

DEUXIEME COUPLET.

Aux pieds de son autel que n'ai-je ma demeure !
C'est là que ses enfants viendront se réunir,
Comme eux, moi, j'y viendrai m'incliner à toute heure,
Heureux de la prier, heureux de la bénir.
Salut, beau mois, etc.

TROISIEME COUPLET.

O Marie, ô ma Reine, ô Mère douce et tendre,
Que de soupirs brûlants mon cœur veut t'adresser !

Que de larmes d'amour tu me verras répandre !
Oh ! comment pourrais-tu ne pas les exaucer.
Salut, beau mois, etc.

QUATRIÈME COUPLET.

Oùi, dans ces jours heureux, mille fois ma prière
Sur l'aile de l'amour montera jusqu'à toi ;
Mille fois s'élançant dans le cœur de sa Mère,
Mon cœur te redira son amour et sa foi.
Salut, beau mois, etc.

CINQUIÈME COUPLET.

A toi, dès aujourd'hui, je le jure, ô Marie ,
A toi tout mon amour, tous mes transports pieux ,
Demain, pendant ce mois, pendant toute ma vie,
A l'heure du trépas, et puis toujours aux cieux.

CHŒUR.

Salut, beau mois ! viens consoler la terre ,
Viens l'embaumer du parfum de tes fleurs ;
Viens chaque jour redire à notre Mère
L'amour ardent qu'elle inspire à nos cœurs.

II.

ELLE EST BONNE, MARIE.

PREMIER COUPLET.

Elle est bonne, Marie ! oh ! comme elle nous aime,
Son œil veille sur nous, et sa main nous défend.
Aimez, aimez-la tous ! je veux l'aimer moi-même ,
L'aimer et la servir ; car je suis son enfant.

CHŒUR.

Mère d'amour, si Dieu te fit si bonne
Et si riche en vertus ,
Ne faut-il pas que ton cœur nous redonne
Les biens qu'il a reçus.

Donne, donne Marie,
Donne toujours,
Que ta bonté sourie
A tous nos jours.

DEUXIEME COUPLET.

Elle est bonne, Marie ! Interrogeons l'histoire,
Et d'un œil attentif parcourons l'univers :
Partout sont des autels élevés à sa gloire,
Partout le souvenir de ses bienfaits divers.
Mère d'amour, etc.

TROISIEME COUPLET.

Elle est bonne, Marie ! Ah ! dès notre jeune âge
Elle nous laisse en paix reposer sur son cœur ;
Oh ! que l'homme est heureux sous ce doux patronage !
Tout charme, tout ravit, tout est paix et douceur.

QUATRIEME COUPLET.

Elle est bonne, Marie ! Au cœur humble et docile,
Elle aime à prodiguer ses soins affectueux,
Elle plaint le méchant, et l'arbrisseau stérile
Porte encore, sous sa main, des fruits délicieux.

CINQUIEME COUPLET.

Elle est bonne, Marie ! Elle prie, et la terre
Voit couler par torrents les grâces du Seigneur ;
Elle prie, et Jésus, souriant à sa Mère,
Sauve le juste, et court embrasser le pécheur.

SIXIEME COUPLET.

Elle est bonne, Marie ! Ah ! j'ai dû le comprendre
Au jour où me pressant sur son sein maternel,
Elle me dit ce mot, qu'il est si doux d'entendre :
Sois à moi, mon enfant, et ta place est au Ciel.

———————

III.

SUIS-MOI, JE MÈNE AU CIEL.

PREMIER COUPLET.

Mon cœur languit au désert de la vie,
Mais une voix douce comme le miel,
Se fait entendre à mon âme attendrie,
Elle me dit : Suis-moi, je mène au Ciel.

DEUXIÈME COUPLET.

Ah ! c'est la voix de la Vierge que j'aime,
Elle me garde en ce séjour mortel,
A chaque pas, dans son amour extrême,
Elle me dit : Suis-moi, je mène au Ciel.

TROISIÈME COUPLET.

Rien n'est si doux que la voix d'une Mère,
Elle guérit le mal le plus cruel,
Ma mere est là, quand la vie est amère ;
Elle me dit : Suis-moi, je mène au Ciel.

QUATRIÈME COUPLET.

Quand le méchant a déchaîné sa rage,
Et que mon cœur est abreuvé de fiel,
Ma mère est là pour m'armer de courage ;
Elle me dit : Suis-moi, je mène au Ciel.

CINQUIÈME COUPLET.

Quand le démon me pousse au précipice,
Et me prépare un malheur éternel,
En me tendant une main protectrice,
Elle me dit : Suis-moi, je mène au Ciel.

SIXIÈME COUPLET.

Quand elle voit mon âme défaillante,
Se désoler loin du port éternel,
Elle me dit d'une voix caressante :
Courage encor ! bientôt viendra le Ciel.

SEPTIÈME COUPLET.

Quand s'éteindra le flambeau de ma vie,
En me montrant le royaume immortel,
Avec amour, à mon âme ravie,
Elle dira : Viens, viens, voici le ciel.

HUITIÈME COUPLET.

Mon âme alors s'envolera joyeuse,
J'irai chanter son amour maternel,
Et recevoir la palme glorieuse....
Oh ! pour toujours, je serai dans le Ciel.

IV.

HYMNE DE SAINT CASIMIR.

PREMIER COUPLET.

Unis aux concerts des Anges,
Aimable Reine des cieux,
Nous célébrons tes louanges,
Par nos chants mélodieux.

CHŒUR.

De Marie,
Qu'on publie,
Et la gloire et les grandeurs,
Qu'on l'honore,
Qu'on l'implore ;
Qu'elle règne sur nos cœurs.

DEUXIÈME COUPLET.

Auprès d'elle la nature,
Est sans grâce, sans beauté,
Les cieux même sans parure,
L'astre du jour sans clarté.
De Marie, etc.

TROISIEME COUPLET

C'est le lis de la vallée,
Dont le parfum précieux,

Sur la terre désolée,
Attira le Roi des Cieux.
De Marie, etc.

QUATRIÈME COUPLET.

C'est l'auguste sanctuaire,
Que le Dieu de Majesté,
Inonda de sa lumière,
Embellit de sa beauté.
De Marie, etc.

CINQUIÈME COUPLET.

C'est la Vierge incomparable,
Gloire et salut d'Israël,
Qui pour un monde coupable,
Fléchit le courroux du Ciel.
De Marie, etc.

SIXIÈME COUPLET.

C'est la Vierge, c'est Marie,
Dans ce nom que de douceur !
Nom d'une Mère chérie,
Nom doux, espoir du pécheur.
De Marie, etc.

SEPTIÈME COUPLET.

Ah ! vous seuls pouvez nous dire,
Mortels qui l'avez goûté,
Combien doux est son empire,
Combien grande est sa bonté.
De Marie, etc.

HUITIÈME COUPLET.

Qui jamais de la détresse,
Lui fit entendre le cri,
Et n'obtint de sa tendresse,
Sous son aile un sûr abri.
De Marie, etc.

NEUVIÈME COUPLET.

Vous qui d'un monde perfide,
Craignez les puissants appas,
Si Marie est votre égide,
Vous ne succomberez pas.
De Marie, etc.

DIXIÈME COUPLET.

En vain l'enfer en furie
Frémirait autour de vous ;
Si vous invoquez Marie,
Vous braverez son courroux.
De Marie, etc.

ONZIÈME COUPLET.

Oui, je veux, ô tendre Mère,
Jusqu'à mon dernier soupir,
T'aimer, te servir, te plaire,
Et pour toi vivre et mourir.
De Marie, etc.

V.

NOUS NE T'OUBLIERONS JAMAIS.

PREMIER COUPLET.

Vois à tes pieds, Vierge Marie,
Les enfants sur qui chaque jour
S'épanchent de ta main chérie
Les flots si doux du pur amour.

CHŒUR.

Tous heureux dans ton sanctuaire
Nous revenons célébrer tes bienfaits.
Crois en nos cœurs, auguste et tendre Mère,
Nous ne t'oublierons jamais,
Non, non, non, non, jamais, jamais, jamais.

DEUXIÈME COUPLET

Le monde de sa folle ivresse
En vain nous offre les douceurs ;
Loin de sa coupe enchanteresse
Une mère garde nos cœurs.
Tous heureux, etc.

TROISIÈME COUPLET.

Cent fois, planant sur notre tête,
La foudre a menacé nos jours ;

Quand gronde la noire tempête
Marie en détourne le cours.
    Tous heureux, etc.

QUATRIÈME COUPLET.

Sur nous son regard tutélaire
Toujours repose avec bonheur ;
L'encens de notre humble prière
Attire ses dons, sa faveur.
    Tous heureux, etc.

CINQUIÈME COUPLET.

L'enfer en vain frémit de rage,
Et contre nous lance ses traits ;
Marie aide notre courage,
Nous ne succomberons jamais !
    Tous heureux, etc.

SIXIÈME COUPLET.

Vierge, notre douce espérance,
Nous t'en prions, guide nos pas.
Ta main conduisit notre enfance ;
Protège-nous dans les combats.
    Tous heureux, etc.

SEPTIÈME COUPLET.

A tes bontés toujours fidèle,
Rends nos ennemis impuissants ;
Daigne nous couvrir de ton aile,
Marie, exauce tes enfants.
    Tous heureux, etc.

VI.

NE SUIS-JE DONC PLUS VOTRE MÈRE.

PREMIER COUPLET.

Encore au printemps de votre âge,
Vous m'avez consacré vos cœurs ;
A m'offrir ainsi votre hommage
Vous éprouviez tant de douceurs.

Ah ! pour moi douleur trop amère !
Vous avez trahi vos serments.
Ne suis-je donc plus votre Mère,
Et n'êtes-vous plus mes enfants ?

DEUXIEME COUPLET.

Longtemps, d'être enfants de Marie
Vous demandâtes la faveur ;
Vous me disiez : Mère chérie,
Recevez-nous dans votre cœur,
Et sous mon aile tutélaire
Vous ne coulerez plus vos ans.
Ne suis-je donc plus votre Mère,
Et n'êtes-vous plus mes enfants ?

TROISIEME COUPLET.

Vous m'aviez avec confiance
Remis en main vos intérêts,
Ai-je trompé vos espérances ?
Quels peuvent être vos regrets ?
Pour vous de plus que puis-je faire ?
Pourquoi violer vos serments ?
Ne suis-je donc plus votre Mère,
Et n'êtes-vous plus mes enfants ?

QUATRIEME COUPLET.

Un monde impur pour vous séduire
Vous a fait entendre sa voix,
Et vous, ô funeste délire !
Vous avez embrassé ses lois.
Quoi ! pour un plaisir éphémère
Vous avez trahi vos serments !
Ne suis-je donc plus votre Mère,
Et n'êtes-vons plus mes enfants ?

CINQUIEME COUPLET.

Pour renouveler mon martyre
De mille traits, dans la fureur
Que l'affreux serpent vous inspire,
Vous venez transpercer mon cœur.
N'ai-je donc pas, sur le calvaire,
Assez enduré de tourments ?
Ne suis-je donc plus votre Mère,
Et n'êtes-vous plus mes enfants ?

SIXIEME COUPLET.

Moi, qui de l'amour le plus tendre
Ressentais pour vous les ardeurs,
Répondez, devais-je m'attendre
A vous voir me ravir vos cœurs ?
Quand le Séraphin me révère,
Vous me refusez votre encens !
Ne suis-je donc plus votre Mère,
Et n'êtes-vous plus mes enfants ?

SEPTIEME COUPLET.

Cependant je vous aime encore,
Et sans cesse en votre faveur
Au céleste séjour j'implore
Mon divin Fils, votre Sauveur
J'apaise sa juste colère ;
Ne différez pas plus longtemps.
Moi, toujours je suis votre Mère,
Vous, soyez toujours mes enfants

HUITIEME COUPLET.

Pauvres enfants, je vous pardonne,
Si longtemps vous fûtes ingrats ;
Approchez enfin de mon trône,
Venez vous jeter dans mes bras.
Pour calmer ma douleur amère,
Redites vos pieux serments ;
Je serai toujours votre Mère
Vous, soyez toujours mes enfants.

NEUVIEME COUPLET.

C'en est fait, ô tendre Marie,
Nous voulons calmer vos douleurs.
Et nous venons, l'âme attendrie,
A vos pieds pleurer nos erreurs.
Sensible à notre humble prière
Accueillez nos cœurs repentants ;
Ah ! soyez toujours notre Mère,
Nous serons toujours vos enfants.

VII.

A MARIE IMMACULÉE.

PREMIER COUPLET.

Salut, ô Vierge immaculée,
Brillante étoile du matin,
Que l'âme ici-bas exilée
N'a jamais invoquée en vain
De tes enfants exauce les prières,
Du haut des Cieux daigne les protéger

CHŒUR.

Mère bénie entre toutes les Mères.   } bis
Sois-nous propice à l'heure du danger.

DEUXIÈME COUPLET.

Quand loin de cet aimable asile
De l'innocence et du bonheur,
Où tu sus nous rendre facile
La loi sainte d'un Dieu sauveur.
Mille ennemis, mille cruelles guerres,
Nous rendent lourd ce fardeau si léger
   Mère bénie, etc.

TROISIÈME COUPLET.

Maintenant à l'abri du monde,
Notre âme goûte un doux sommeil,
Mais l'orage, qui déjà gronde,
Nous présage un triste réveil,
Bientôt, hélas! vers de lointaines terres
Nous voguerons timides passagers.
   Mère bénie, etc.

QUATRIÈME COUPLET.

Heureux l'enfant qui se confie
En tes maternelles bontés,
Il ne craint ni l'onde en furie
Ni l'effort des vents irrités.
Autour de lui des barques étrangères.
Il voit au loin les débris submergés.
   Mère bénie, etc

CINQUIÈME COUPLET.

Conduis au port notre nacelle
Malgré les vents, malgré les flots,
Protège la Vierge fidèle
De l'écueil caché sous les eaux.
Sans ton appui, sans tes soins tutélaires
La vague, hélas ! viendra la submerger.
　　　Mère bénie, etc.

SIXIÈME COUPLET.

Veille sur nous, tendre Marie,
Surtout à l'heure du trépas,
Fais qu'en la céleste Patrie
Ton fils nous reçoive en ses bras.
Quand, précédé d'éclairs et de tonnerres,
Avec rigueur il viendra nous juger.
　　　Mère bénie, etc.

VIII.

CONSÉCRATION D'UN JEUNE COEUR A MARIE.

CHOEUR.

O Marie, ô ma tendre Mère,
Pour mériter votre secours,
Je viens consacrer à vous plaire,
Mes premiers ans, mes plus beaux jours.
　　　Ma tendre Mère,
Je viens consacrer à vous plaire,
Mes premiers ans, mes plus beaux jours.
Mes premiers ans, mes premiers ans,
Mes plus beaux jours, mes plus beaux jours
Mes premiers ans, mes plus beaux jours.

PREMIER JOUR.

Je tends les bras vers vous, mère compâtissante ;
Pour conserver toujours l'innocente candeur,
En vos divines mains, reine auguste et puissante,
　　　Je dépose mon cœur.

DEUXIEME COUPLET.

Je ne suis que d'hier au chemin de la vie,

Et le monde à mes yeux étale ses appas,
Et par mille démons mon âme est poursuivie :
    Oh ! ne m'oubliez pas.

TROISIÈME COUPLET.

Voyez ! à chaque pas, ce pauvre enfant chancelle...
Mais je crierai vers vous la nuit comme le jour,
Et pourrais-je périr, quand votre cœur recèle,
    Tant de biens, tant d'amour ?

QUATRIÈME COUPLET.

On m'apprit votre nom, dès le berceau, ma Mère ;
J'aime à le répéter, ce nom plein de douceur,
Et depuis que la foi m'as prêté sa lumière,
    Ce nom fait mon bonheur.

CINQUIÈME COUPLET.

J'ai senti dans mon cœur, dès qu'il put vous connaître,
S'allumer et grandir le feu de votre amour ;
Il me brûle, et je viens vous offrir tout mon être,
    Sans délai, sans retour.

SIXIÈME COUPLET.

Du sceau de vos enfants marquez mon front, Marie,
Hors de Dieu, hors de vous, que pourrais-je vouloir ?
Mon choix est fait ; voilà mon avenir, ma vie :
    Aimer, mourir, vous voir.

SEPTIÈME COUPLET.

Vous, de ce frêle enfant soyez toujours la Mère,
Demeurez près de moi, gardez à Dieu mon cœur,
Et puis pour le grand jour où l'on quitte la terre,
    Gardez-moi le bonheur.

IX.

PREMIER COUPLET.

Faibles mortels, que l'espérance
Calme nos peines, nos douleurs ;
Le Ciel sur nous, dans sa clémence,
Verse de nouvelles faveurs ;
D'un nom chéri la douce gloire,

Vient d'apparaître à l'univers ;
Marie a vaincu les enfers,
Et nous la proclamons, Reine de la Victoire.

CHŒUR.

Toujours, Mère de Dieu,
Oui, toujours à nos cœurs,
Ta bannière sera chère,
Et sa douce lumière,
Guidant nos pas vainqueurs,
Notre vie, ô Marie,
Méritera ton amour, tes faveurs

DEUXIÈME COUPLET.

Relevez-vous, tribus lointaines,
Peuples vaincus, séchez vos pleurs,
Soyez heureux, brisez vos chaînes,
De satan fuyez les rigueurs.
Il s'est levé le jour de gloire,
Vos soupirs ont fléchi les Cieux,
Marie, ô frères malheureux,
Se montrera pour vous Reine de la Victoire.
Toujours, etc.

TROISIÈME COUPLET.

C'est vainement, Vierge Marie,
Que l'enfer frémit contre nous !
Tes enfants bravent sa furie,
Et méprisent son noir courroux.
Sur tes pas ils verront la gloire,
Toujours couronner leurs efforts ;
Toujours cédant à leurs transports,
Leurs cœurs te béniront, Reine de la Victoire.
Toujours, etc.

QUATRIÈME COUPLET.

Saint étendard de notre Mère,
Nous en faisons le doux serment,
Nous te suivrons dans la carrière,
Unis jusqu'au dernier moment :
Et quand viendra le jour de gloire,
Marie entendra les vainqueurs,
Autour de toi formant leurs chœurs,
Le proclamer encor Reine de la Victoire.
Toujours, etc.

X.

CHŒUR.

Je suis l'enfant de Marie,
Et ma Mère chérie
Me bénit chaque jour,
Je suis l'enfant de Marie,
C'est le cri de mon cœur,
C'est mon refrain d'amour.

PREMIER COUPLET.

Qu'il est heureux, ô tendre Mère.
Celui qui t'a donné son cœur !
Est-il un état sur la terre
Qui puisse égaler son bonheur ?
  Je suis l'enfant, etc.

DEUXIEME COUPLET.

Que craindrait l'enfant de Marie ?
Sa mère est la reine des Cieux.
Et du cœur humble qui la prie,
Elle aime à bénir tous les vœux.

TROISIEME COUPLET.

Près de toi, Vierge tutélaire,
Ainsi, couleront tous mes jours.
Des noirs chagrins, la coupe amère,
Jamais n'en troublera le cours.

QUATRIEME COUPLET.

Quel bonheur pour toi, tendre Mère,
De couronner mon front vainqueur !
Pour ton enfant, Vierge si chère,
De te voir toujours, quel bonheur !!!

XI.

PREMIER COUPLET.

Chrétiens. qui combattons aujourd'hui sur la terre,
Souvenons-nous toujours au milieu du danger,
Souvenons-nous qu'au Ciel nous avons une Mère,
Dont le bras tout-puissant saura nous protéger.

Notre-Dame de la victoire,
De l'enfer triomphe en ce jour,
Encore un chant de gloire,
Encore un chant d'amour.

DEUXIEME COUPLET.

Plaçons en elle seule une ferme espérance,
Que nos cœurs dévoués l'aiment jusqu'au trépas,
Et que de notre sein son nom béni s'élance,
Pour nous rallier tous au plus fort des combats.

TROISIEME COUPLET.

O Vierge immaculée et mille fois bénie,
Ajoutez à vos dons un don plus précieux ;
Faites qu'après le cours d'une pieuse vie,
Et pasteur et troupeau soient reçus dans les Cieux.

QUATRIEME COUPLET.

Donnez à vos enfants la force et le courage.
Un courage à l'épreuve et du fer et du feu,
Prêt à sacrifier, si la lutte s'engage,
Nos âmes et nos corps en holocauste à Dieu.

XII.

Tendre Marie,
Mère chérie,
O vrai bonheur
Du cœur !
Ma tendre Mère,
En toi j'espère,
Sois mes amours
Toujours !

Tout ce qui souffre sur la terre,
En toi trouve un puissant secours :
Ton cœur entend notre prière,
Et ton cœur nous répond toujours,
Tendre Marie, etc.

Tu nous consoles dans nos peines,
Tu viens à nous dans l'abandon,

Du pécheur tu brises les chaînes,
C'est toi qui donnes le pardon.
  Tendre, etc.

Tu viens consoler ceux qui pleurent,
Et tu prends soin des malheureux,
Tu viens visiter ceux qui meurent,
Et tu les portes dans les cieux.
  Tendre, etc.

Je te consacre donc mes peines,
Je te consacre mes douleurs ;
Unissant mes larmes aux tiennes,
Je taris ma source de pleurs.
  Tendre, etc.

XIII.

C'est à l'ombre du sanctuaire,
Enfants, que votre tendre Mère,
A vu couler les plus beaux jours,
Ses jours de paix, hélas ! si courts.

  Si vous avez son innocence,
  Si vous aimez le travail, le silence,
  Heureux enfants, vous serez ses amours
   Toujours !

Comme la fleurs de la vallée,
Croit doucement sous la feuillée,
Ainsi loin des regards mortels,
Elle croissait près des autels.
  Si vous avez, etc.

Dans sa pieuse solitude,
Sa prière était son étude,
Elle y poussait d'ardents soupirs,
Elle y brûlait de saints désirs.
  Si vous avez, etc.

Sa voix, comme celle des anges,
Du Très-Haut chantait les louanges ;

3*

Ses accents purs, mélodieux.
Etaient comme un écho des cieux.
   Si vous avez, etc.

XIV.

Il faut quitter le sanctuaire,
Où j'ai retrouvé le bonheur,
Mais je veux, auprès de ma Mère,
Je veux ici laisser mon cœur,

Je pars, adieu, Mère chérie,
Adieu, ma joie et mes amours.
Toujours je t'aimerai, Marie,
     Toujours.

J'avais le cœur si plein de larmes,
Quand j'approchai de ton autel !
Mais tu mis fin à mes alarmes,
Par un seul regard maternel.
   Je pars, etc.

J'ai retrouvé de l'espérance,
Sitôt que je fus devant toi ;
Ton cœur, toujours plein de clémence,
Au cœur de Dieu parlait pour moi.
   Je pars, etc.

Tu répondis à ma prière,
Par un regard du haut des cieux ;
Et tu m'as dit : je suis ta Mère,
Toujours sur toi j'aurai les yeux.
   Je pars, etc.

Oui, je le crois, au moment même,
Où je priais à ton autel,
Ton cœur m'a dit : enfant que j'aime,
Tu m'aimeras un jour au ciel.
   Je pars, etc.

Ah ! Je voudrais, Vierge fidèle,
Rester toujours à tes genoux,
Jusqu'à ce que la mort m'appelle,
Mourir ici, serait si doux.
   Je pars, etc.

XV.

Il va finir le beau mois de Marie ;
Il a passé comme ses belles fleurs ;
Oui, mais l'amour d'une Mère chérie
Ne passe pas, il reste dans nos cœurs.
Adieu, beau mois, qui parfumais la terre,
C'est aujourd'hui le dernier de tes jours,
Mais si Marie est pour toujours ma Mère,
    Je veux l'aimer toujours.

Toutes les fleurs sont-elles donc flétries,
N'en est-il plus pour orner son autel ?
Il est encor des lis dans nos prairies,
Et le lis plaît à son cœur maternel.
Adieu, beau mois, ta dernière heure sonne,
C'est aujourd'hui le dernier de tes jours ;
Garde des lis, des lis pour sa couronne,
    Il nous en faut toujours.

Le monde aussi va conserver des charmes
Et m'inviter à de nouveaux plaisirs ;
Mais j'aime mieux ici verser des larmes,
Que de donner au monde mes désirs.....
Adieu, beau mois, tu fuis, mon bonheur passe !
C'est aujourd'hui le dernier de tes jours ;
Mais si toujours j'aurai besoin de grâce,
    Je veux prier toujours !

Et c'est ainsi que tombent nos années ;
Un Dieu les jette en son éternité :
L'homme s'éteint, et les fleurs sont fanées .
Tout fuit, tout meurt avec rapidité.
Adieu, beau mois ; adieu, fleurs de Marie !
C'est aujourd'hui le dernier de vos jours ;
Ah ! que n'est-il le dernier de ma vie !
    Je l'aimerais toujours ! ! !

XVI.

Vierge Marie,
Nous avons tous
Recours à vous,
Mère chérie
Priez, priez pour nous.

Elle est pure, Marie,
Comme le rayon des cieux ;
Belle toujours, jamais flétrie,
Du Seigneur elle a charmé les yeux.
Vierge, etc.

Vierge pure et féconde,
Dans une extase d'amour,
Elle enfanta le Dieu du monde,
L'éternel, pour nous, enfant d'un jour.
Vierge, etc.

C'est la douce lumière,
Qui seule charme les cœurs,
Son tendre regard nous éclaire,
Et sa main vient essuyer nos pleurs.
Vierge, etc.

C'est la Vierge puissante,
La Mère du bel amour ;
Elle est fidèle, elle est clémente,
Elle est Reine au céleste séjour.
Vierge, etc.

C'est la rose fleurie,
C'est le lis pur, virginal :
C'est le parfum de la prairie,
C'est le feu du rayon matinal
Vierge, etc.

C'est l'arche d'alliance,
C'est l'étoile du matin,
C'est le baume de l'espérance
Dans un cœur blessé par le chagrin.
Vierge, etc.

C'est la Reine des anges,
C'est la Reine des élus ;
Au Ciel tout chante ses louanges,
Ses bienfaits, sa gloire et ses vertus.
Vierge, etc.

XVII.

Sainte vierge Marie,
Aimable Mère du Sauveur,
Je vous consacre pour la vie
L'hommage de mon cœur.

Sainte vierge Marie,
Vous êtes la porte du Ciel ;
Obtenez qu'à mon agonie,
J'entre en ce séjour immortel.

Sainte vierge Marie,
Vous êtes l'étoile des mers ;
Apaisez des vents la furie ;
Calmez, calmez les flots amers.

Sainte vierge Marie,
Ah ! je vois l'écueil de la mort !
Sauvez ma nacelle chérie ;
Venez, et montrez-moi le port.

Sainte vierge Marie,
O Mère du divin amour,
Vous n'avez pas été flétrie
En donnant à Jésus le jour.

Sainte vierge Marie,
Voyez, voyez couler nos pleurs ;
Priez pour nous dans la patrie,
Priez pour nous pauvres pécheurs.

XVIII.

Triomphe, victoire !
Honneur, amour et gloire !
Voici, voici le jour
Où triomphe l'amour !
Jésus dompte la mort, Jésus est plein de vie ;
Honneur, amour et gloire à Jésus, à Marie !

Vierge sainte, le Dieu qui s'est fait votre enfant
Ne pouvait du tombeau subir la pourriture ;

Le roi des cieux, Jésus, le Dieu de la nature,
  Ne pouvait mourir qu'un instant.
    Triomphe, etc.

Votre Fils a quitté son tombeau glorieux ;
Aux premiers feux du jour, fidèle à sa promesse,
Il s'est levé des morts : tout brille d'allégresse,
  Sur la terre, au plus haut des cieux.
    Triomphe, etc

Vous avez partagé ses amères douleurs,
Vous vouliez avec lui mourir sur le Calvaire ;
Entrez donc dans sa joie, ô douce et tendre Mère.
  Et priez-le pour les pécheurs !
    Triomphe, etc.

XIX.

Vierge sainte, rose vermeille,
Toi, dont nous aimons les autels,
Du haut des cieux prête l'oreille
A nos cantiques solennels.
Tu sais que nous voulons te plaire,
T'aimer, te bénir tous les jours ;
Vierge, montre-toi notre Mère......
    Toujours !

Celui qu'écrasa ta puissance
Veille à la porte de nos cœurs,
Et, pour nous ravir l'innocence,
Sous nos pas il sème des fleurs.
Nous pourrions, ingrats, te déplaire,
Toi qui nous combles de bienfaits !
Nous t'oublier, auguste Mère ?
    Jamais !

Du mondain si l'indifférence
D'amertume abreuve ton cœur,
Lors même que dans ta clémence
Tu tends les bras à son malheur ;
Nous, du moins, nous voulons te plaire.
T'aimer, te bénir tous les jours ;
Vierge, montre-toi notre Mère..... .
    Toujours !

Malheur à l'aveugle coupable,
Qui trahirait l'heureux serment
Qu'il te fit, Reine tout aimable,
De te servir fidèlement !
Plutôt mourir que de te déplaire,
Toi qui nous combles de bienfaits,
Nous t'oublier, auguste Mère ?
Jamais !

XX.

Le chapelet c'est la couronne
De l'aimable Madone ;
A chaque *Ave Maria*
Une rose fleurie
Tombe aux pieds de Marie,
Et dans nos cœurs un lis à chaque *Gloria*.

O vous qui lui donnez cette belle prière,
Cette couronne du Rosaire
Et ces mystiques fleurs ;
Ah ! méditez l'amour de votre Mère,
Rappelez-en vos cœurs,
Sa gloire et surtout ses douleurs.
Le chapelet, etc.

Entrez dans son bonheur et dans son allégresse,
Lorsque le ciel à sa tendresse
Donne Jésus enfant ;
Comme elle adore et comme elle caresse,
Sur son cœur palpitant,
Ce Dieu si petit et si grand !
Le chapelet, etc.

Et puis, voyez Marie, au douloureux mystère,
Triste, debout sur le calvaire
Méditez sur ses pleurs !
Le sang d'un Dieu, les larmes de sa Mère,
Coulaient pour les pécheurs
Qu'elle enfantait dans les douleurs.
Le chapelet, etc.

Méditez sur sa mort ; elle est si précieuse !
La Vierge monte glorieuse

Vers son trône immortel.
Tout la bénit, tout la proclame heureuse,
Et la terre et le ciel,
Ont de l'encens pour son autel.
Le chapelet, etc.

Donnez, donnez surtout des fleurs à votre Mère,
Vous qu'elle appelle en son parterre
Du Rosaire vivant.
Pleine d'amour, en son beau sanctuaire,
La Vierge vous attend ;
Cueillez ces fleurs qu'elle aime tant.
Le chapelet, etc.

XXI.

Le mois des fleurs est de retour,
Rendez nos cœurs purs, ô Marie,
Comme l'azur du plus beau jour
Et les parfums de la praie.

Chantons, faisons retentir dans les airs
Une douce harmonie ;
Chantons, chantons dans de pieux concerts
Le beau mois de Marie.

Déjà tu fais au doux printemps
Sentir ta présence chérie ;
Prête-nous aussi des accents
Pour chanter un hymme à Marie.
Chantons, etc.

Chrétiens, de la mère de Dieu,
Chantons, célébrons les louanges,
Et, prosternés dans le saint lieu,
Saluons la Reine des anges.
Chantons, etc.

Accourons tous à ses genoux
Lui jurer l'amour le plus tendre ;
L'aimer ! est-il rien de plus doux ?
Notre cœur peut-il s'en défendre ?
Chantons, etc.

O Vierge sainte, ouvrez les bras
A vos enfants dans leurs alarmes ;

Veillez sur nous, guidez nos pas
Au sein de ce vallon de larmes.
Chantons, etc.

XXII.

D'une Mère chérie
Célébrons les grandeurs ;
Consacrons à Marie
Et nos voix et nos cœurs.

De concert avec l'Ange,
Quand il la salua,
Disons à sa louange
Un *Ave Maria*.

Modeste créature
Elle plût au Seigneur ;
Et, Vierge toujours pure,
Enfanta le Sauveur.

Nous étions la conquête
Du tyran des enfers ;
En écrasant sa tête,
Elle a brisé nos fers.

Que l'espoir se relève
En nos cœurs abattus ;
Par cette nouvelle Eve
Les Cieux nous sont rendus.

O Marie ! ô ma Mère !
Prenez soin de mon sort,
C'est en vous que j'espère
En la vie, à la mort.

Obtenez-nous la grâce,
A notre dernier jour,
De vous voir face à face
Au céleste séjour

XXIII.

Adressons notre hommage
A la Reine des Cieux,
Elle aime de notre âge

La candeur et les vœux ;
Du beau nom de Marie
Faisons tout retentir,
Qu'elle-même attendrie,
Daigne nous applaudir.   { *bis.*

Jurons tous en ce jour   { *bis*
D'aimer la Mère du bel amour. }
Marie est notre Mère
Nous sommes ses enfants.
Consacrons à lui plaire
Le printemps de nos ans.   { *bis.*

Tout ici parle d'elle,
Son nom règne en ces lieux
Nous croissons sous son aile,
Nous vivons sous ses yeux ;
Cet autel est le trône
D'où coulent ses faveurs.
Son divin fils lui donne
Tous ses droits sur nos cœurs.   { *bis.*

Recevez-nous, Marie,
Comme vos chers enfants,
Veillez pendant la vie,
Sur nos cœurs et nos sens ;
Daignez nous faire entendre
Votre voix au trépas ;
Puissions-nous, Mère tendre,
Mourir entre vos bras !   { *bis.*

XXIV.

A la Reine des Cieux offrons un tendre hommage,
Réunissons pour elle et nos voix et nos cœurs. (*bis*)
A chanter ses grandeurs
Consacrons la fleurs de notre âge.
A la Reine, etc.
Heureux celui qui, dès l'enfance,
Lui fait de soi-même le don,
Et met son innocence
A l'abri de son nom !
A la Reine, etc.

Aux yeux du Tout-Puissant elle fut toujours pure,
Chantons sur le péché son triomphe éclatant.   (*bis*)
Son cœur, même un instant,
Ne reçut jamais de souillure.
Aux yeux, etc.
Plus sainte que les chœurs des Anges,
Des Trônes et des Chérubins,
Elle a droit aux louanges
Des mortels et des Saints.
Aux yeux, etc.

O Vierge toujours sainte ! ô Mère toujours tendre,
Soyez, soyez propice aux vœux de vos enfants.   (*bis*)
Que sur nos jeunes ans
Vos faveurs viennent se répandre !
O Vierge, etc.
De votre bonté salutaire
Daignez nous prêter le secours ;
Montrez-vous notre Mère
Dans l'enfance et toujours.
O Vierge, etc

XXV.

Sion, de ta mélodie,
Cesse les divins accords,
Laisse-nous près de Marie
Faire éclater nos transports.
La reine que tu révère,
Le digne objet de nos chants,
Apprends qu'elle est notre Mère,
Et fais place à ses enfants.

Mais comment, de cette enceinte,
Percer les voûtes des cieux !
Descends plutôt, Vierge sainte,
Et viens régner en ces lieux.
Viens d'un exil trop sévère
Adoucir les longs tourments ;
Ta présence, auguste Mère,
Sera chère à tes enfants.

Sur tes autels, ô Marie !
Tous, d'une commune voix,

Nous jurons toute la vie,
D'être soumis à tes lois.
De notre hommage sincère,
Puissent ces faibles garants,
Flatter notre tendre Mère !
C'est le vœu de ses enfants.

XXVI.

Heureux qui, dès le premier âge,
Honorant la Reine des Cieux,
Fuit les dons qu'un monde volage,
Etale avec pompe à ses yeux ;
Qu'on est heureux sous son empire !
Qu'un cœur pur y trouve d'attraits !
Tout y ressent, tout y respire,
L'amour, l'innocence et la paix.

Mondain, ta grandeur toute entière
S'anéantit dans le tombeau ;
L'instant où finit sa carrière,
Du juste est l'instant le plus beau.
La paix règne sur son visage,
Son cœur est embrasé d'amour.
Sa vie à coulé sans nuage,
Sa mort est le soir d'un beau jour.

Comment, avec un cœur profane,
Le pécheur, malgré ses forfaits,
De la vertu qui le condamne,
Ose-t-il chanter les attraits ?
Dans son âme impure et flétrie,
Nourrissant un feu criminel,
Comment ose-t-il, à Marie,
Jurer un amour éternel ?

Régnez, Vierge sainte, en notre âme,
Vous y ferez régner la paix ;
Gravez en nous en traits de flamme,
Le souvenir de vos bienfaits.
Mettez à l'ombre de vos ailes,
Ces cœurs qui vous sont consacrés ;
Vers les demeures éternelles,
Guidez nos pas mal assurés.

XXVII.

Jour heureux, jour de vrai plaisir.
Pour une âme innocente et pure.
Jour heureux, jour de vrai plaisir,
Faut-il te voir sitôt finir.
Pour une âme innocente et pure,
Jour heureux, jour de vrai plaisir,
Faut-il te voir sitôt finir.   *4 fois.*

Biens, gloire, beauté frivole,
Adieu donc et pour jamais,
Vers Dieu mon âme s'envole,
Il me comble de bienfaits.

Toujours, céleste patrie,
Mon cœur soupire pour toi.
Tu contiens ce que j'envie,
Mon Dieu, mon père et mon Roi.

Sous tes auspices, Marie,
Nous terminons ce beau jour ;
Dans la céleste patrie,
Réunis-nous pour toujours.

XXVIII.

C'est le mois de Marie,
C'est le mois le plus beau,
A la Vierge chérie,
Disons un chant nouveau.

Ornons le sanctuaire,
De nos plus belles fleurs ;
Offrons à notre Mère
Et nos chants et nos cœurs.

De la saison nouvelle,
On vante les bienfaits :
Marie est bien plus belle,
Plus doux sont ses attraits

L'étoile éblouissante,
Qui jette au loin ses feux.

Est bien moins éclatante,
Son aspect moins pompeux.

Qu'une brillante aurore
Vienne enchanter mes yeux !
Marie efface encore,
Cet ornement des cieux.

Au vallon solitaire,
Le lis par sa blancheur,
De cette Vierge Mère,
Retrace la candeur.

O Vierge, viens toi-même,
Viens semer dans nos cœur,
Les vertus dont l'emblème,
Se découvre en des fleurs.

Défends notre jeunesse,
Des plaisirs séduisants,
Montre nous ta tendresse,
Jusqu'à nos derniers ans.

Fais que dans la patrie,
Nous chantions à jamais,
O divine Marie,
Ton nom et tes bienfaits.

XXIX.

Chantons la Reine des cieux,
Que l'excès de l'amour
Fait triompher en ce jour ;
Chantons la Reine des cieux ;
Qu'on l'honore et qu'on l'aime en tous lieux.
De nos chants divers
Remplissons les airs :
Que tout l'univers
Réponde à nos doux concerts ;
De nos chants divers
Remplissons les airs ;
Inventons même de nouveaux airs.

Enfin l'hiver a passé,
  Les vents ne soufflent plus,
Les frimas sont disparus,
Enfin l'hiver a passé,
La tempête et les pluies ont cessé.
    Vierge, les douleurs,
    Les soupirs, les pleurs
    Font place aux douceurs
Des immortelles faveurs ;
    Vierge, les douleurs,
    Les soupirs, les pleurs
S'éloignent du plus parfait des cœurs

Venez, lui dit le Seigneur,
  O ma mère, venez :
Mes biens vous sont destinés ;
Venez, lui dit le Seigneur,
Hâtez-vous, partagez mon bonheur.
    Entrez dans ma paix,
    Régnez à jamais,
    Que tous vos souhaits
S'accomplissent désormais ;
    Entrez dans ma paix,
    Régnez à jamais,
Possédez ma grâce et mes bienfaits.

Daignez, Marie, en ce jour,
  Ecouter nos soupirs,
Et seconder nos désirs ;
Daignez, Marie, en ce jour,
Recevoir notre encens, notre amour.
    Du céleste époux
    Calmez le couroux,
    Qu'il se montre doux
A tous ceux qui sont à vous ;
    Du céleste époux
    Calmez le courroux ;
Que son cœur s'attendrisse sur nous.

XXX.

C'est le nom de Marie
Qu'on célèbre en ce jour ;
Ô famille chérie,
Chantez ce nom d'amour.

C'est le nom d'une mère,
Chantez, heureux enfants ;
Unissez pour lui plaire
Et vos cœurs et vos chants.

C'est un nom de puissance,
Un nom plein de douceur ;
Mais toujours sa clémence,
Surpasse sa grandeur.

C'est un nom de victoire,
Il dompte les enfers ;
Il nous donne la gloire
De briser tous nos fers...

C'est un nom d'espérance
Au pécheur repentant ;
Un gage d'innocence
Au cœur juste et fervent.

Il n'est rien de plus tendre,
Il n'est rien de plus fort ;
Le ciel aime à l'entendre,
Pour l'enfer c'est la mort.

Que le nom de ma mère,
Au dernier de mes jours,
Soit toute ma prière,
Qu'il soit tout mon secours.

XXXI.

Vierge Marie,
Daigne sourire à tes enfants,
Mère chérie,
Reçois leurs chants.

Oui, nous te consacrons les jours de notre vie,
Daigne en bénir tous les instants ;
Et d'âge en âge,
Pour toi nos vœux toujours croissants,
Seront le gage
De nos serments.

Dès la jeunesse,
Auguste Reine de mon cœur,
T'aimer sans cesse
Quelle douceur ;
Tu souris à mes vœux, ce signe de tendrese
Bannit la crainte et la douleur ;
Il est le gage
De ton amour pour un pécheur,
Et le présage
De son bonheur.

Mère chérie,
Toi que mon cœur aima toujours,
Viens, ô Marie,
A mon secours ,
C'est toi qui protégeas l'aurore de ma vie,
Je t'en dois les plus heureux jours :
De mon jeune âge,
Conserve-moi le sentiment :
C'est le partage
De tes enfants.

XXXII.

Je mets ma confiance,
Vierge, en votre secours,
Servez-moi de défense,
Prenez soin de mes jours :
Et quand ma dernière heure
Viendra fixer mon sort,
Obtenez que je meure
De la plus sainte mort.

A votre bienveillance,
O Vierge, j'ai recours ;

Soyez mon assistance
En tous lieux et toujours.
Vous êtes notre Mère,
Jesus est votre Fils ;
Portez-lui la prière
De vos enfants chéris.

A dessein de vous plaire,
O Reine de mon cœur,
Je promets ne rien faire
Qui blesse votre honneur.
Je veux que, par hommage,
Ceux qui me sont sujets,
En tous lieux, à tout âge,
Prennent vos intérêts.

Voyez couler mes larmes,
Mère du bel amour,
Finissez mes alarmes
Dans ce triste séjour ;
Venez rompre mes chaînes,
Je veux aller à vous ;
Aimable souveraine
Régnez, régnez sur nous.

XXXIII.

O Mère chérie,
Place-moi,
Un jour dans la patrie
Près de toi.

Je suis aimé de toi, Mère chérie,
Ce doux penser fait palpiter mon cœur,
C'est un parfum qui réjouit ma vie,
Et dans l'exil me donne le bonheur !

Quand viendra-t-il, ce jour, Mèrechérie,
Où je pourrai reposer sur ton cœur ?
Je veux du moins, ô divine Marie,
Chanter ton nom pour calmer ma douleur.

Le voyageur au nom de sa patrie
Sentit toujours renaître sa vigueur ;
Ton nom puissant, ô divine Marie,
A plus encor d'empire sur mon cœur.

Dans les ennuis à mon âme flétrie
Ton nom si cher rend le calme et la paix.
Dès qu'on t'implore, ô puissante Marie,
Le ciel sourit et verse ses bienfaits.

Ce nom si doux pour un enfant qui prie,
Je le redis mille fois chaque jour ;
Et, je le sens, ô divine Marie,
Ton œil sur moi repose avec amour.

XXXIV.

Je la verrai cette Mère chérie,
Ce doux espoir fait palpiter mon cœur.
Elle est si bonne et si tendre Marie ;
Un seul regard ferait tout mon bonheur.

Divine Marie,
J'ai l'espoir,
Au ciel ma patrie,
De te voir.

Je fus toujours l'enfant de sa tendresse,
Mais plus je suis comblé de ses bienfaits,
Et plus j'éprouve en l'âme de tristesse ;
Je la chéris, je ne la vois jamais.

Je la chéris, je me plais à redire
Son nom si doux à chaque instant du jour,
A chaque instant, je me plais à l'écrire,
Je le répète et l'écris tour à tour.

Je vais cherchant son image fidèle ;
Mais nulle part je ne suis satisfait.

Ah! dans mon cœur, ma Mère est bien plus belle,
Et ce tableau lui-même est imparfait

Combien encor durera son absence ?
A chaque fête elle vient en ce lieu ;
Mais sans la voir je suis en sa présence,
Et ce jour fuit ! adieu, ma Mère ! adieu !

lith de Cadot-Petit, à Armentières — Wazemmes, imp. Horemans.

www.ingramcontent.com/pod-product-compliance
Lightning Source LLC
Chambersburg PA
CBHW061120050726
47594CB00005B/2029